CW01619836

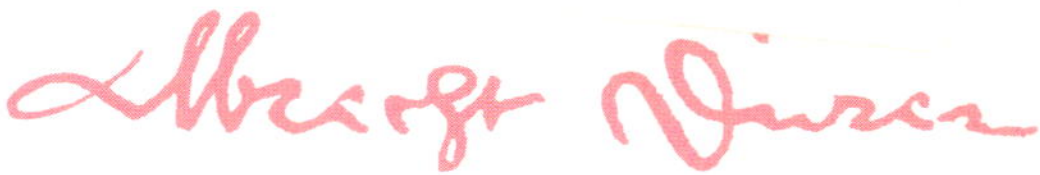

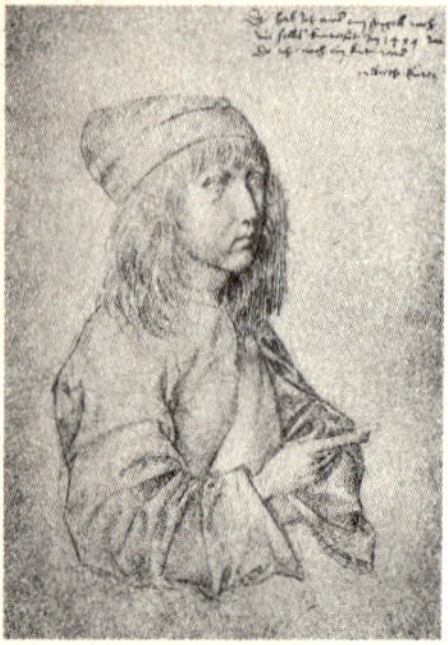

Self-portrait at the age of 13 years, 1484
Vienna, Graphische Sammlung Albertina

Albrecht Dürer (1471–1528) was born in Nuremberg, the third of eighteen children born to a goldsmith who had emigrated from his native Hungary. He is rightfully regarded as the epitome of the German artistic personality. He was not only the most important mediator between Italian and German art, his interest aroused as a consequence of two journeys to Italy, he was also one of the very few artists from northern Europe to exert an inspirational influence upon sixteenth-century Italian painting. Dürer lived in a time of radical change, the transitional period from the Middle Ages to modern times. America had just been discovered, science was flourishing, and research in the fields of anatomy and astronomy was beginning to transform man's conception of the world.

It is Albrecht Dürer the artist to whom we owe a new and deeper insight into Nature. His artistic output, and especially his drawings and watercolours, established a »New Reality«. No matter what the subject of his observation might be – a seated youth, the wing of a bird, a child's head, a landscape, or a human nude – Dürer recorded it with such freshness and vividness, with so much attention to reality, that we continue to be moved by it even today. His famous »Hare« or his »Piece of Turf« captivate us through the love of detail with which hair or blossom, material and structure are portrayed and analysed. His view of Nature is so unaffected and original that you could believe you were seeing the objects of his depiction for the first time.

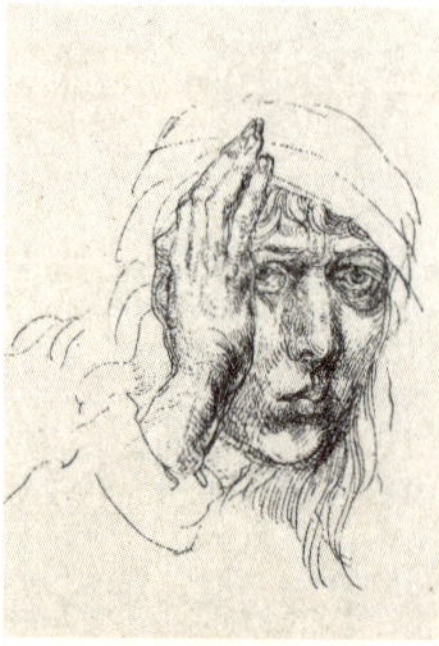

Self-portrait with Bandage, undated
Erlangen, Graphische Sammlung der Universitätsbibliothek Erlangen-Nürnberg

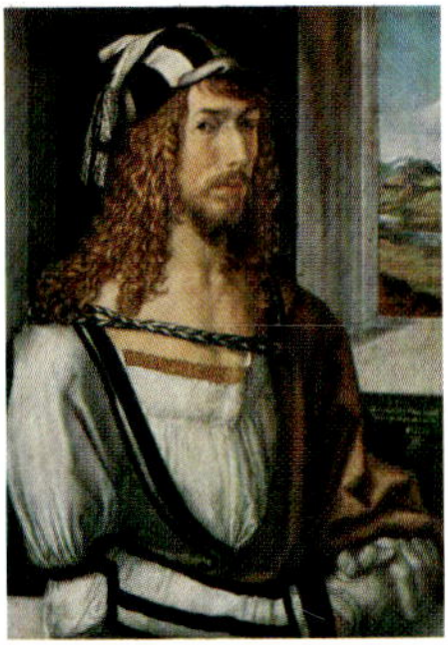

Selbstbildnis mit Landschaft (Detail), 1498
Madrid, Museo Nacional del Prado

Albrecht Dürer (1471-1528) kam als drittes von 18 Kindern eines aus Ungarn eingewanderten Goldschmieds in Nürnberg zur Welt. Er gilt zu Recht als Inbegriff der deutschen Künstlerpersönlichkeit. Nach zwei Italienreisen war er nicht nur der wichtigste Vermittler zwischen italienischer und deutscher Kunst, sondern er hat auch als einer der ganz wenigen Nordeuropäer die italienische Malerei des 16. Jahrhunderts befruchtet. Dürers Lebensjahre fallen in eine Zeit des Umbruchs, die Wende vom Mittelalter zur Neuzeit. Amerika war gerade entdeckt worden, die Wissenschaften erlebten eine Blüte, anatomische und astronomische Forschungen begannen unser Weltbild zu verändern.

Albrecht Dürer war der Künstler, dem wir eine neue und tiefere Einsicht in die Natur verdanken. Sein Werk, vor allem seine Zeichnungen und Aquarelle, begründete eine »Neue Wirklichkeit«. Was auch immer der Gegenstand seiner Anschauung war – ein sitzender Jüngling, die Schwinge eines Vogels, ein Kinderkopf, eine Landschaft oder ein menschlicher Akt –, Dürer hat sie mit einer Frische und Lebendigkeit, mit einer derart intensiven Aufmerksamkeit für die Realität fixiert, daß wir noch heute davon berührt sind. Sein berühmter »Hase« oder das »Rasenstück« bezaubern durch die Liebe zum Detail, mit der Haar und Blüten, Stoffe und Strukturen dargestellt und analysiert sind. Seine Sicht der Natur ist so unverfälscht und ursprünglich, daß man glauben könnte, man sähe die Dinge zum erstenmal.

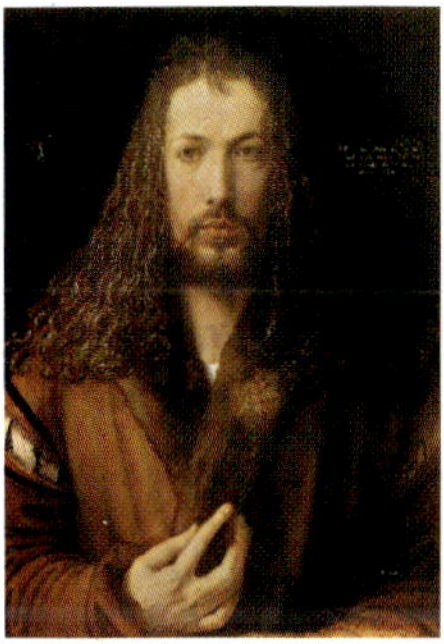

Selbstbildnis im Pelzrock (Detail), 1500
München, Alte Pinakothek

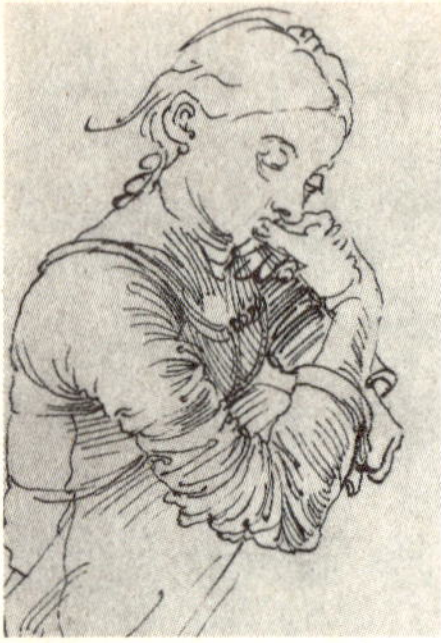

«Mon Agnes», vers 1494
Vienne, Graphische Sammlung Albertina

Albrecht Dürer (1471–1528) est le troisième des dix-huit enfants d'un orfèvre hongrois installé à Nuremberg.

Il est considéré à juste titre comme l'incarnation de l'artiste allemand. A la suite de deux voyages en Italie, il devint non seulement le plus important intermédiaire entre l'art italien et l'art allemand, mais fut aussi l'un des rares Européens du Nord à faire fructifier la peinture italienne du XVIe siècle.

La vie de Dürer se déroule à une époque de bouleversements, à savoir le passage du Moyen-Age aux temps modernes. L'Amérique venait juste d'être découverte, les sciences se trouvaient à leur apogée, les recherches dans les domaines de l'astronomie et de l'anatomie commençaient à modifier peu à peu notre conception du monde.

Albrecht Dürer est l'artiste auquel nous devons une compréhension nouvelle et plus profonde de la nature. Son œuvre, surtout ses dessins et ses aquarelles, fut le fondement d'une «nouvelle réalité».

Quel qu'ait été l'objet de sa contemplation – un adolescent assis, une aile d'oiseau, une tête d'enfant, un paysage ou un nu –, Dürer l'a fixé avec une fraîcheur et une vivacité, avec une attention pour la réalité si intense que nous en sommes touchés aujourd'hui encore. Son célèbre «Lièvre» ou la «Touffe de gazon» charment par l'amour du détail avec lequel les poils ou les fleurs, les tissus et les structures sont représentés et analysés. Sa manière de voir la nature est si authentique et si originale que l'on pourrait croire que l'on voit ces choses pour la première fois.

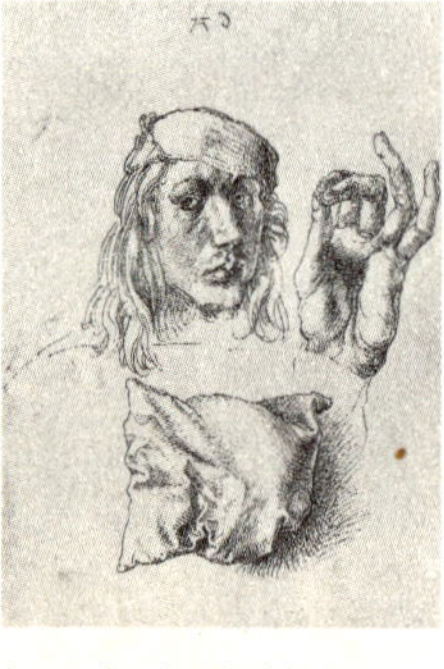

Autoportrait, main gauche de l'artiste, coussin (détail), vers 1493
Collection particulière

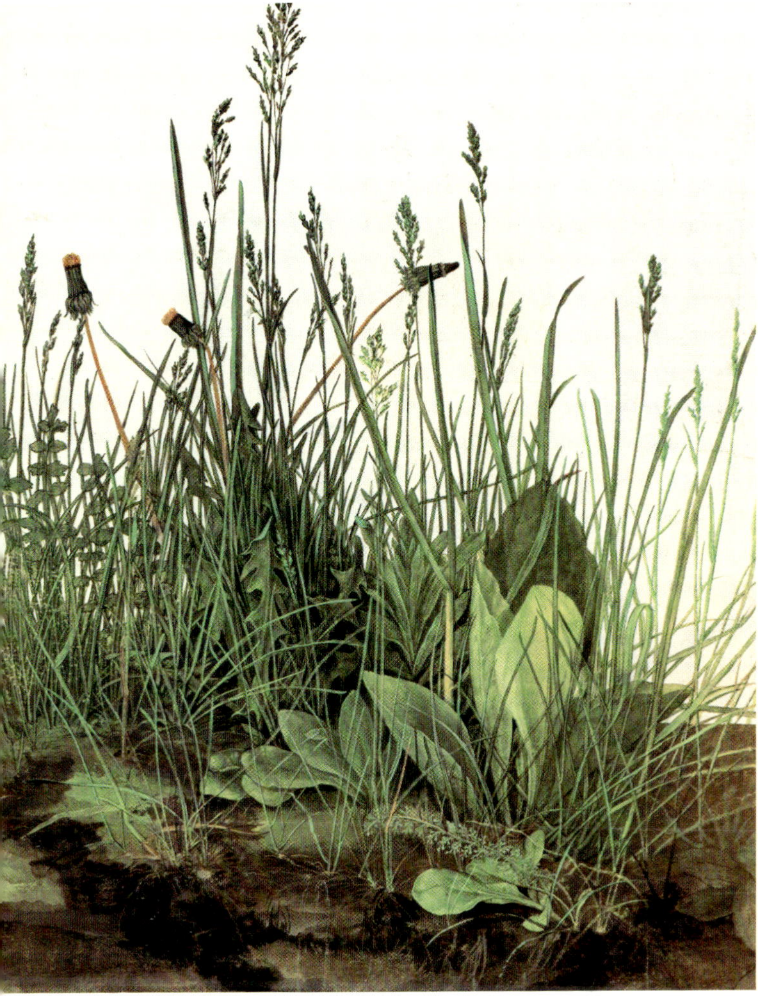

Das große Rasenstück · *La Grande Touffe de gazon*
Vienna, Graphische Sammlung Albertina

Also reproduced in *Albrecht Dürer*, Benedikt Taschen Verlag

© 1993 Benedikt Taschen Verlag GmbH, Köln

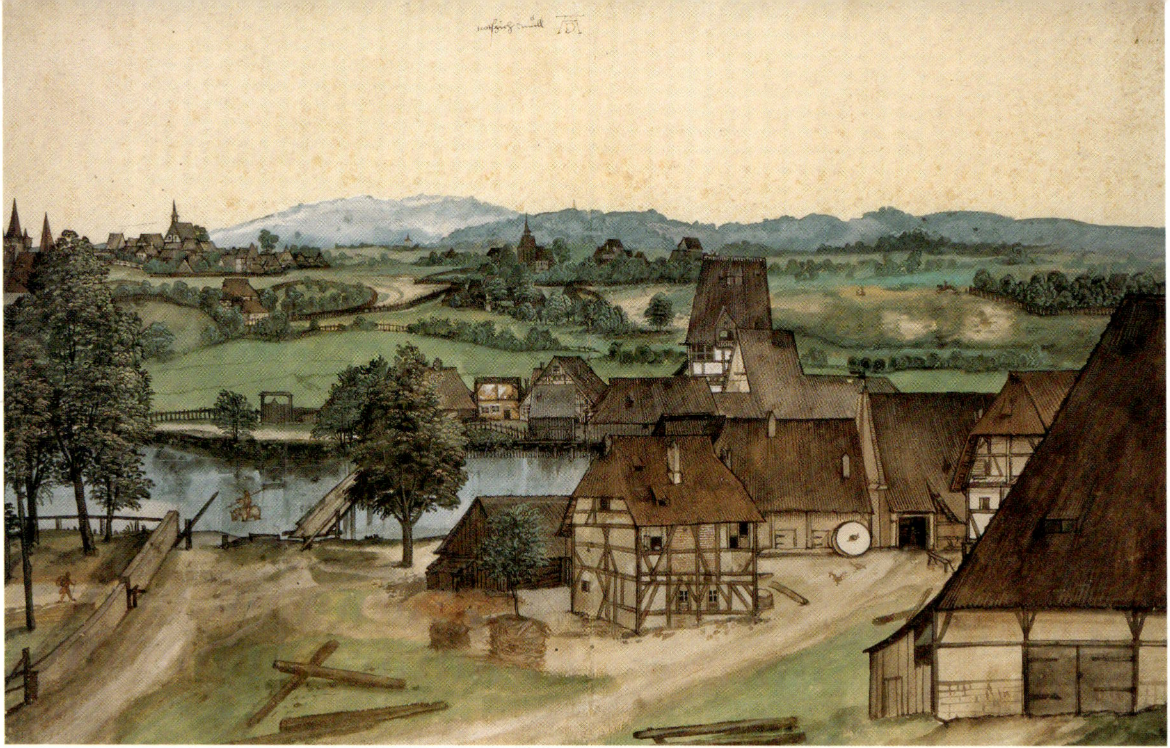

Die Drahtziehmühle · Tréfilerie
Berlin, Staatliche Museen zu Berlin – Preußischer Kulturbesitz, Kupferstichkabinett

Also reproduced in *Albrecht Dürer*, Benedikt Taschen Verlag

© 1993 Benedikt Taschen Verlag GmbH, Köln

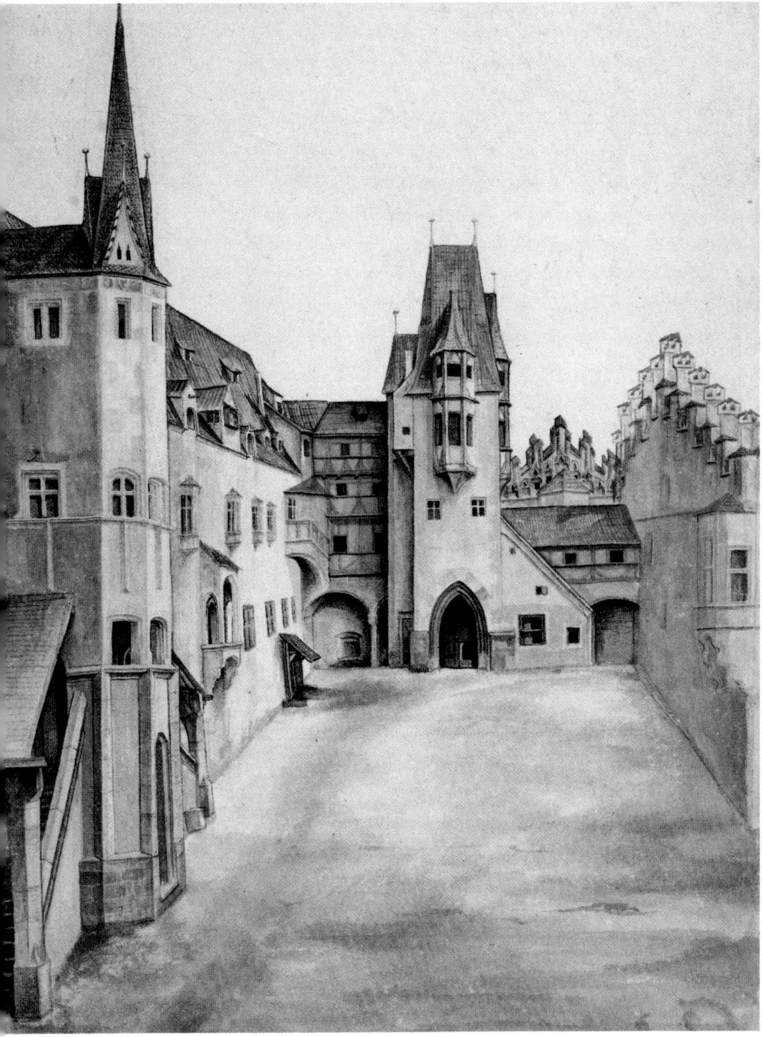

Der Hof vom Innsbrucker Schloß (ohne Wolken) · Cour de l'ancien château d'Innsbruck (sans nuages)
Vienna, Graphische Sammlung Albertina

Also reproduced in *Albrecht Dürer*, Benedikt Taschen Verlag

© 1993 Benedikt Taschen Verlag GmbH, Köln

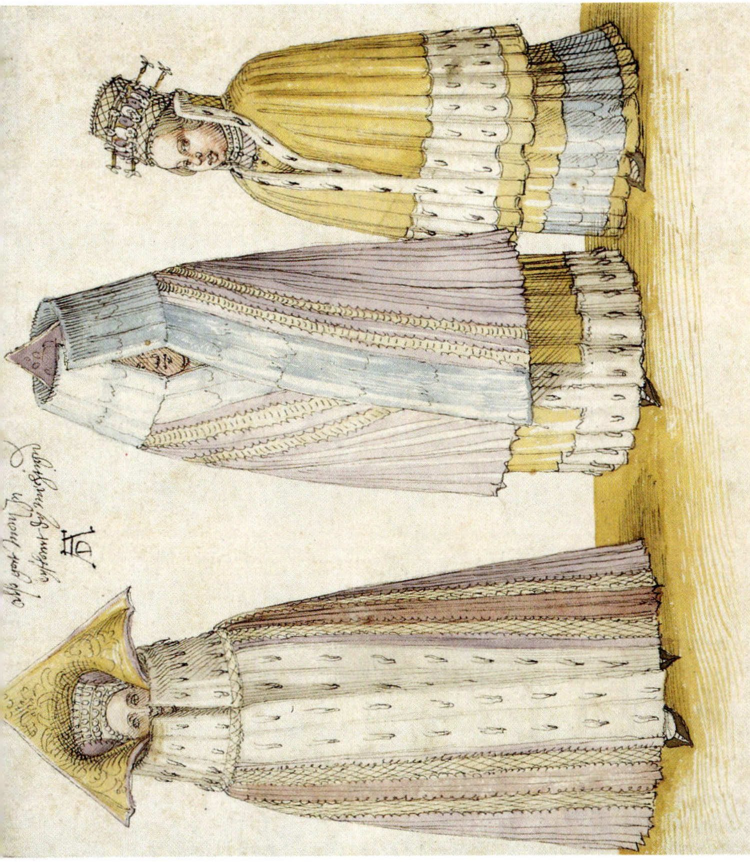

Drei livländische Frauen · Trois Livoniennes
Paris, Musée National du Louvre, Collection E. v. Rothschild

© 1993 Benedikt Taschen Verlag GmbH, Köln

Also reproduced in *Albrecht Dürer,* Benedikt Taschen Verlag

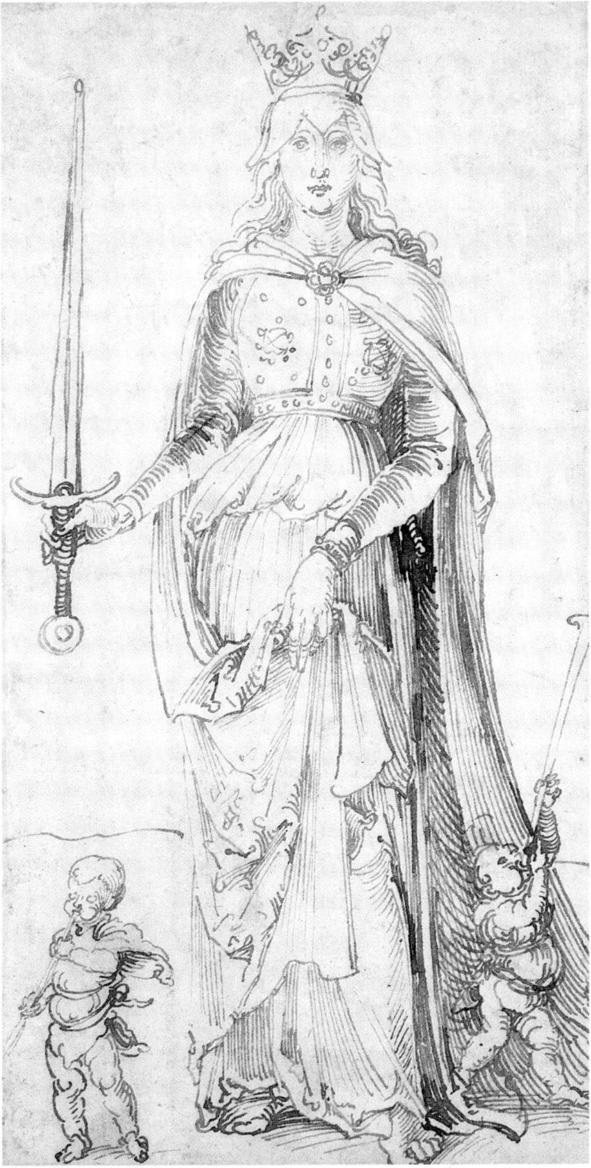

Die Beredsamkeit (Rhetorik) · L'Eloquence
Paris, Bibliothèque Nationale

© 1993 Benedikt Taschen Verlag GmbH, Köln

Also reproduced in *Albrecht Dürer,* Benedikt Taschen Verlag

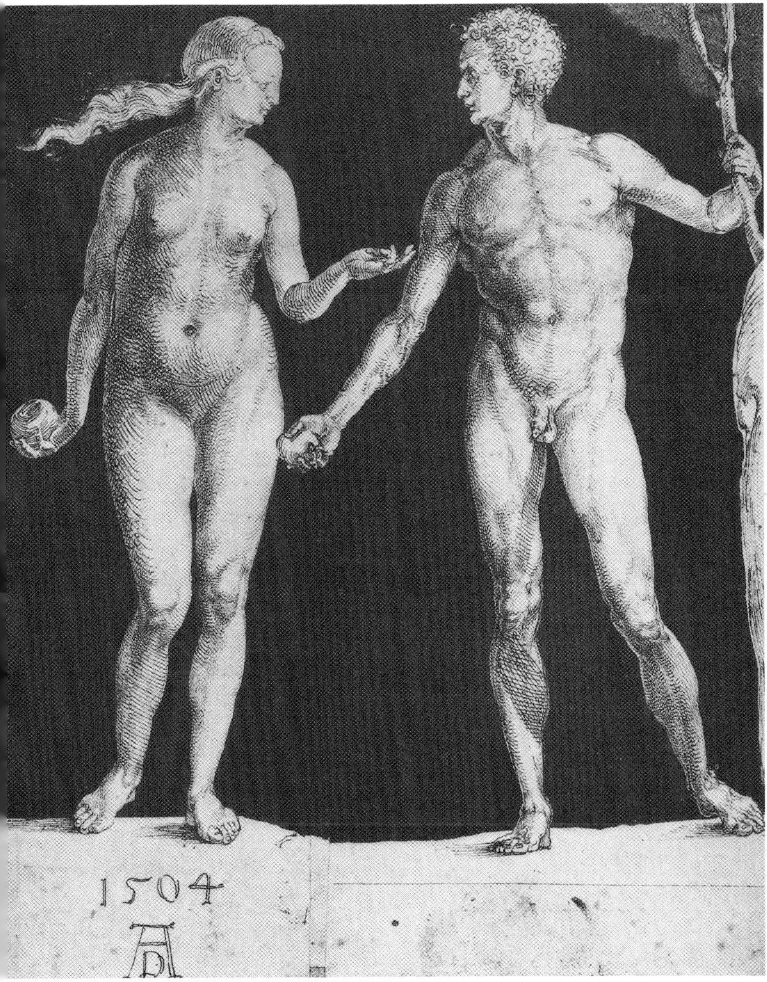
1504

Adam und Eva · Adam et Eve
New York, J. Pierpont Morgan Library

© 1993 Benedikt Taschen Verlag GmbH, Köln

Also reproduced in *Albrecht Dürer,* Benedikt Taschen Verlag

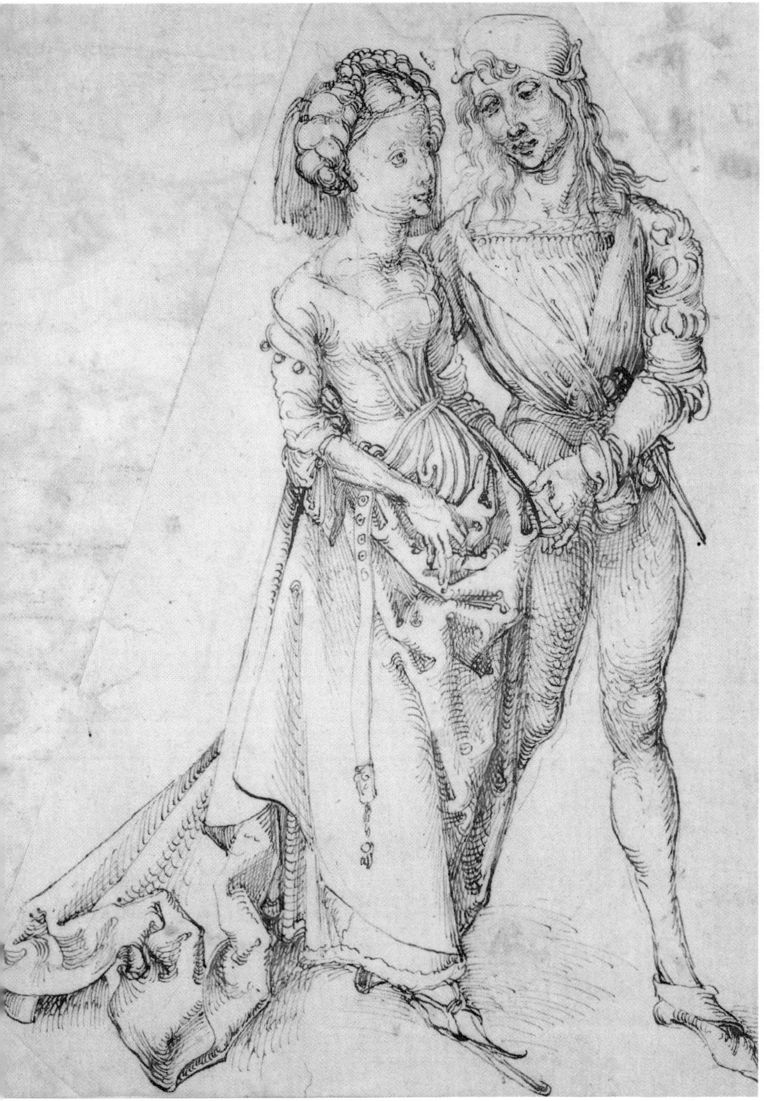

Junges Pärchen, gehend · Couple d'amoureux
Hamburg, Hamburger Kunsthalle

Also reproduced in *Albrecht Dürer,* Benedikt Taschen Verlag

© 1993 Benedikt Taschen Verlag GmbH, Köln

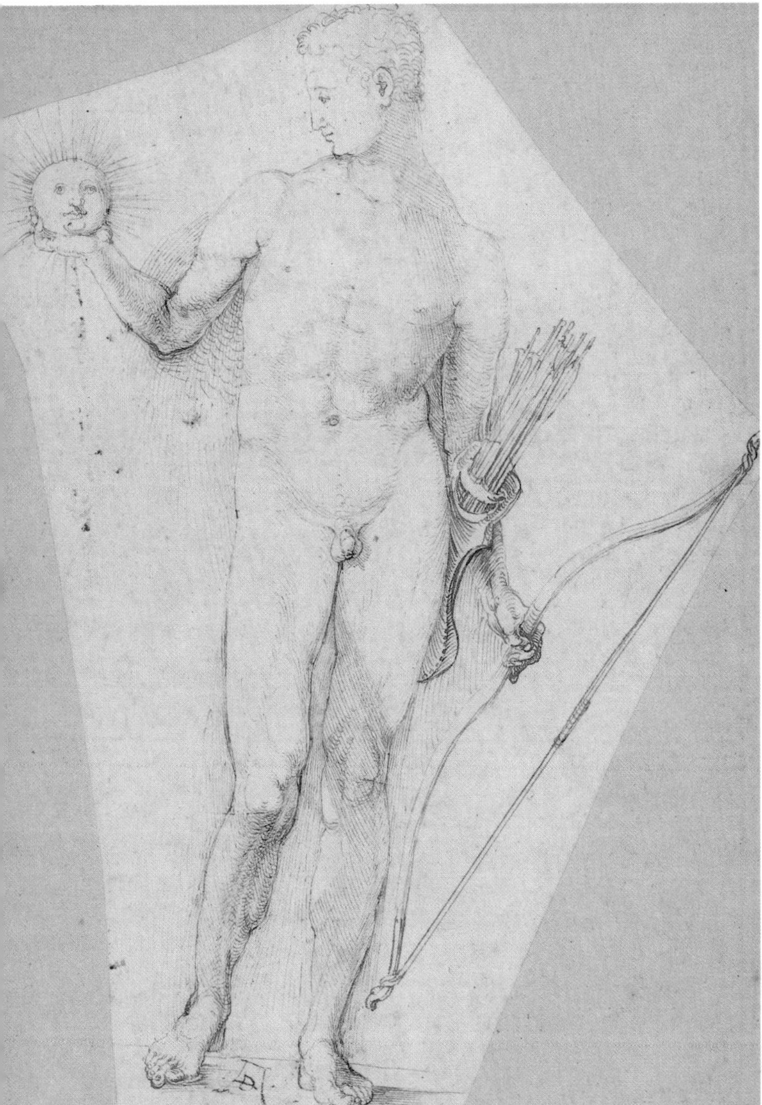

Apollo · Homme nu (Apollon)
Zurich, Kunsthaus Zürich, Graphische Sammlung

Also reproduced in *Albrecht Dürer,* Benedikt Taschen Verlag

© 1993 Benedikt Taschen Verlag GmbH, Köln

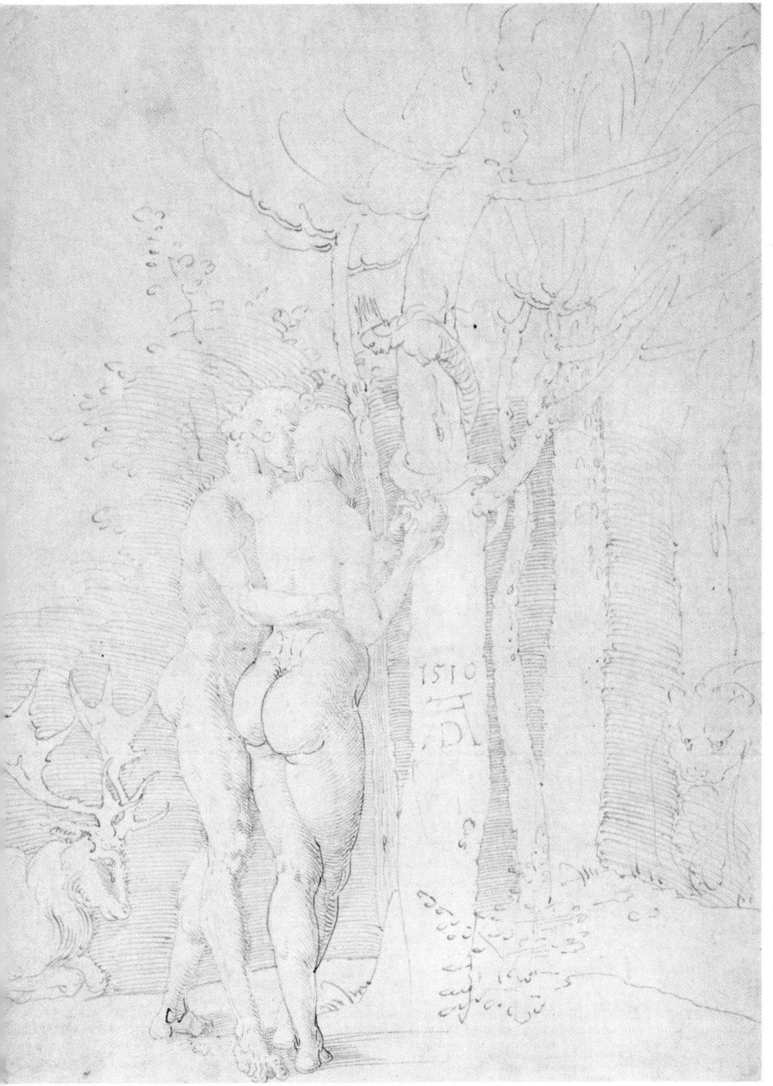
1510

Adam und Eva, Rückenansicht · Adam et Eve
Vienna, Graphische Sammlung Albertina

Also reproduced in *Albrecht Dürer,* Benedikt Taschen Verlag

© 1993 Benedikt Taschen Verlag GmbH, Köln

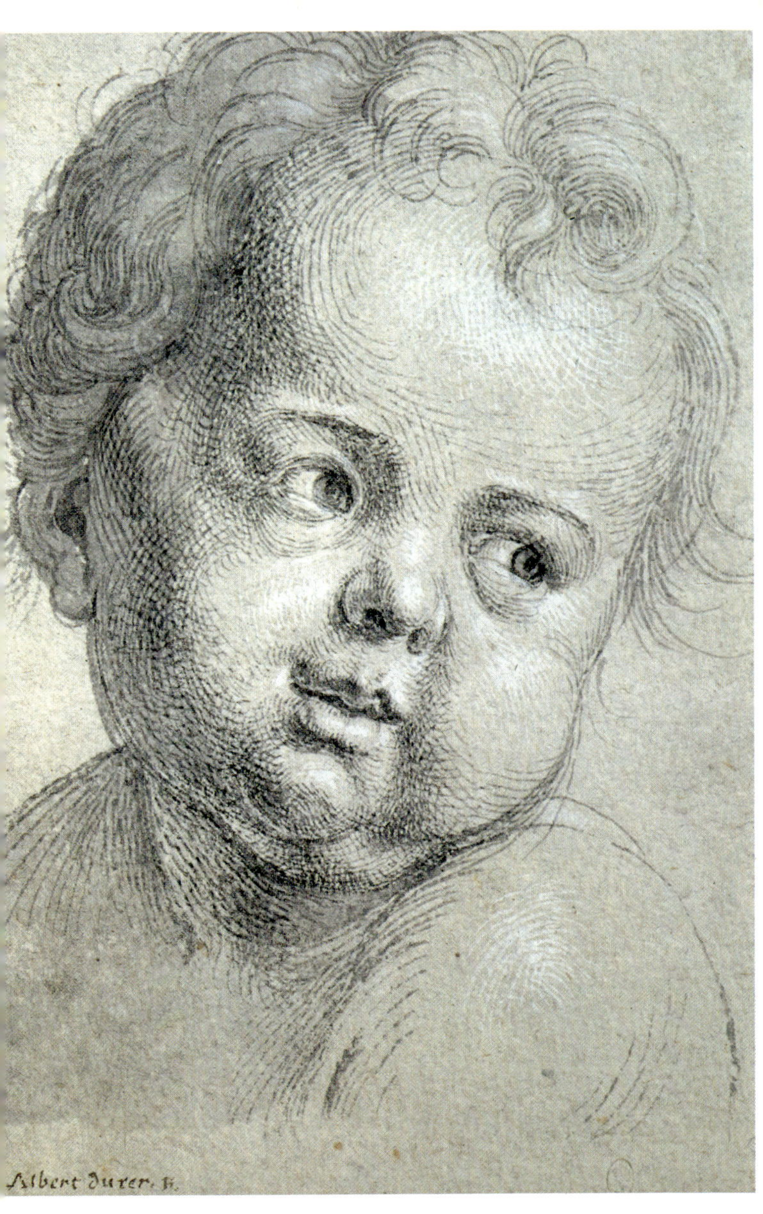
Albert durer. B.

Kinderkopf, *nach rechts schauend* · Tête d'enfant, tournée vers la droite
Paris, Musée National du Louvre

© 1993 Benedikt Taschen Verlag GmbH, Köln

Also reproduced in *Albrecht Dürer,* Benedikt Taschen Verlag

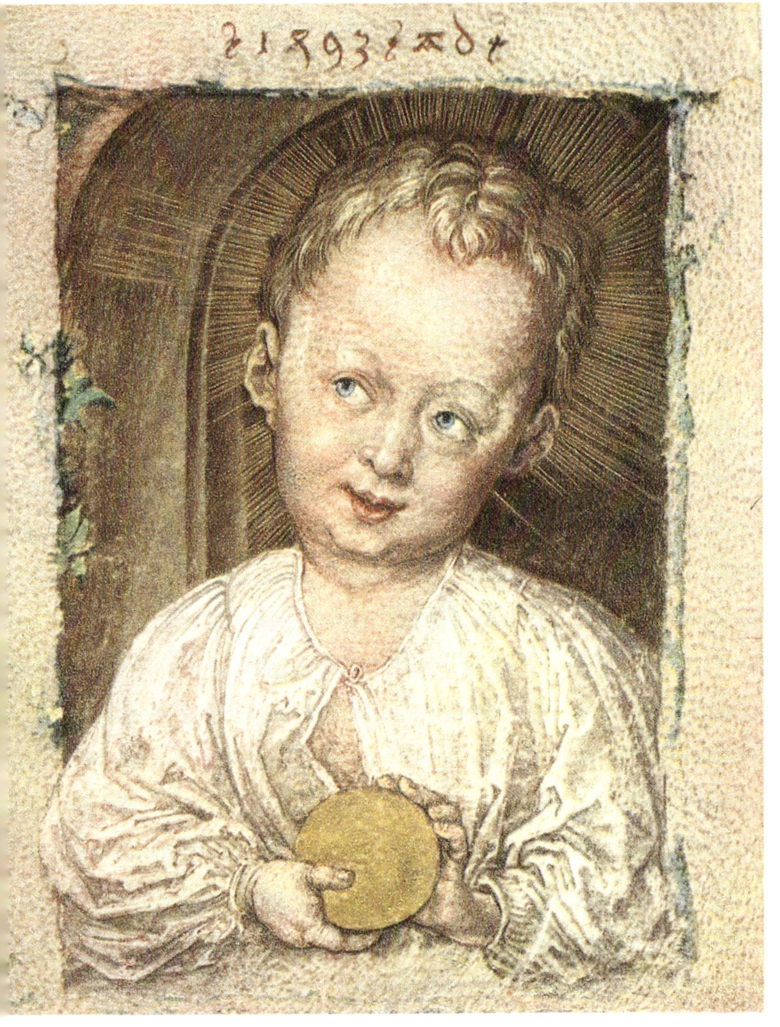

Der Knabe Savior · Le Sauveur
Vienna, Graphische Sammlung Albertina

© 1993 Benedikt Taschen Verlag GmbH, Köln

Also reproduced in *Albrecht Dürer,* Benedikt Taschen Verlag

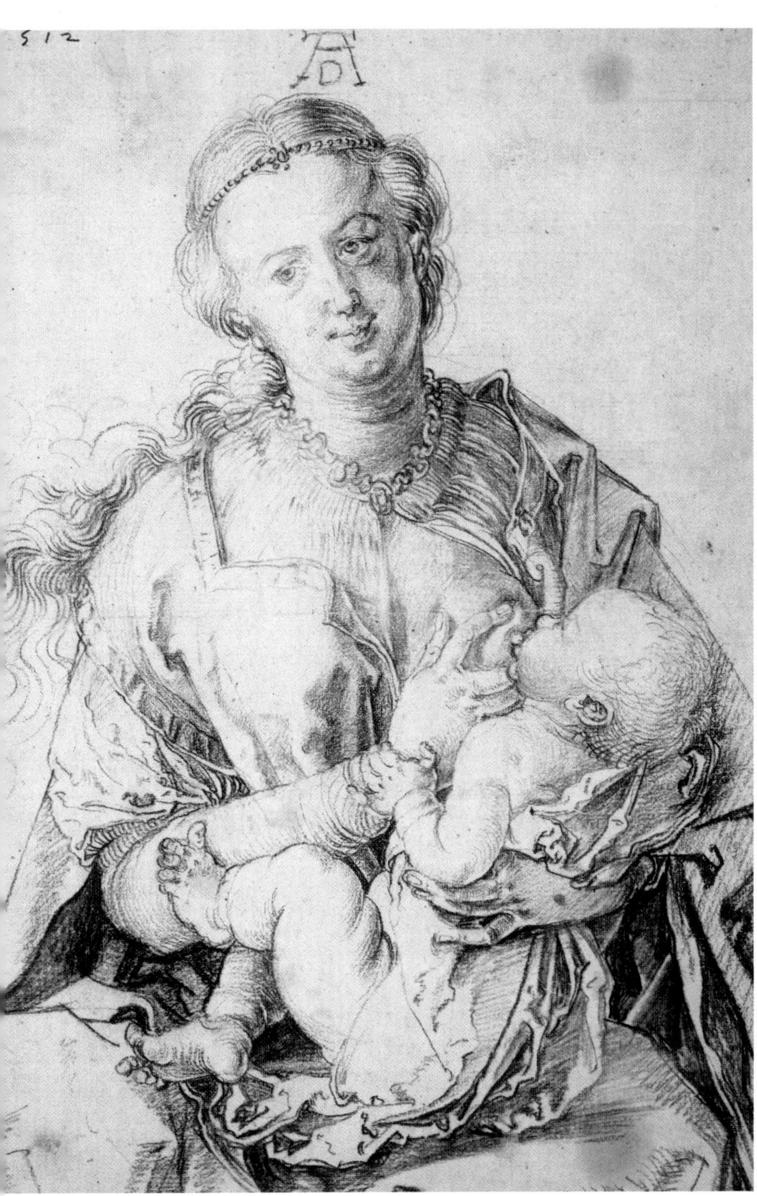
512

Halbfigur Mariens, das Kind stillend · Madone en buste
Vienna, Graphische Sammlung Albertina

Also reproduced in *Albrecht Dürer*, Benedikt Taschen Verlag

© 1993 Benedikt Taschen Verlag GmbH, Köln

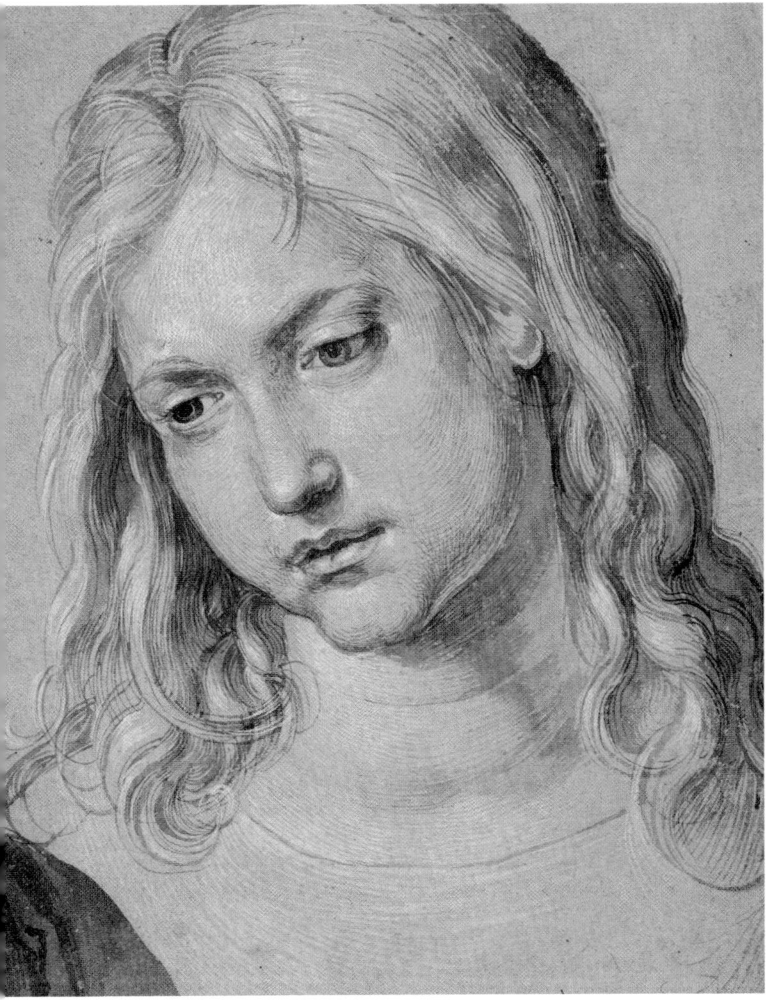

Der Kopf des zwölfjährigen Jesus · Tête de Jésus à l'âge de 12 ans
Vienna, Graphische Sammlung Albertina

© 1993 Benedikt Taschen Verlag GmbH, Köln

Also reproduced in *Albrecht Dürer*, Benedikt Taschen Verlag

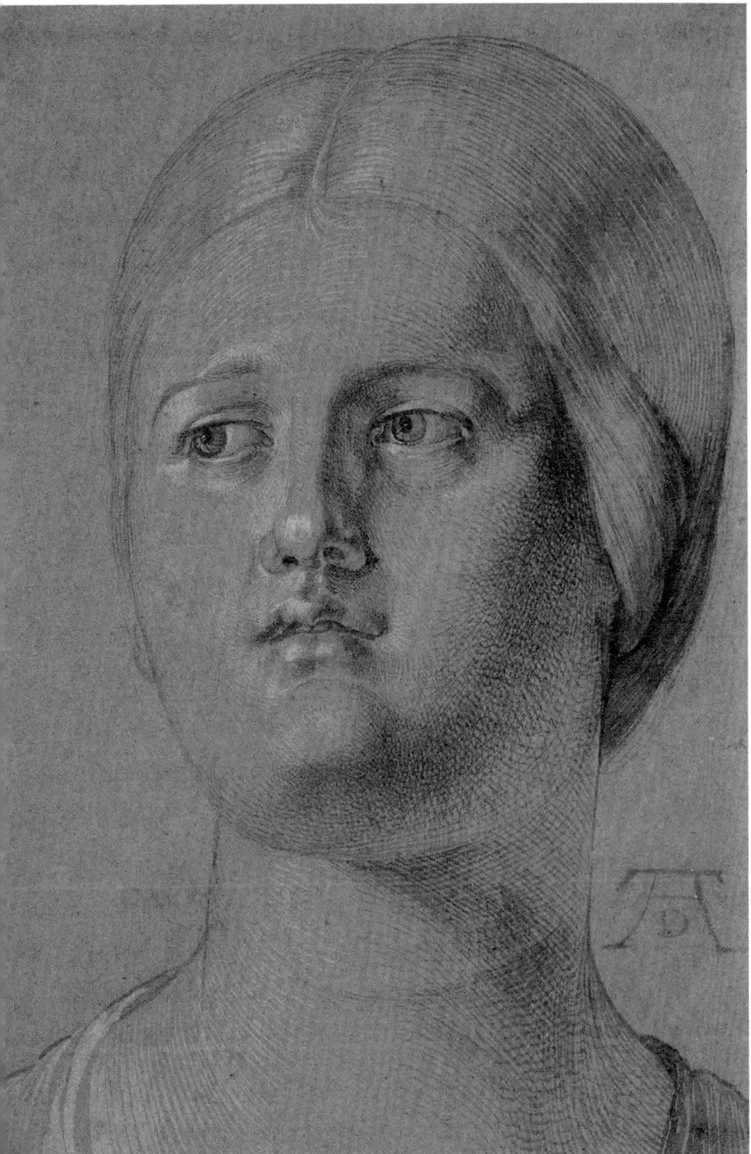

Kopf einer jungen Frau · Portrait de jeune femme
Vienna, Graphische Sammlung Albertina

Also reproduced in *Albrecht Dürer,* Benedikt Taschen Verlag

© 1993 Benedikt Taschen Verlag GmbH, Köln

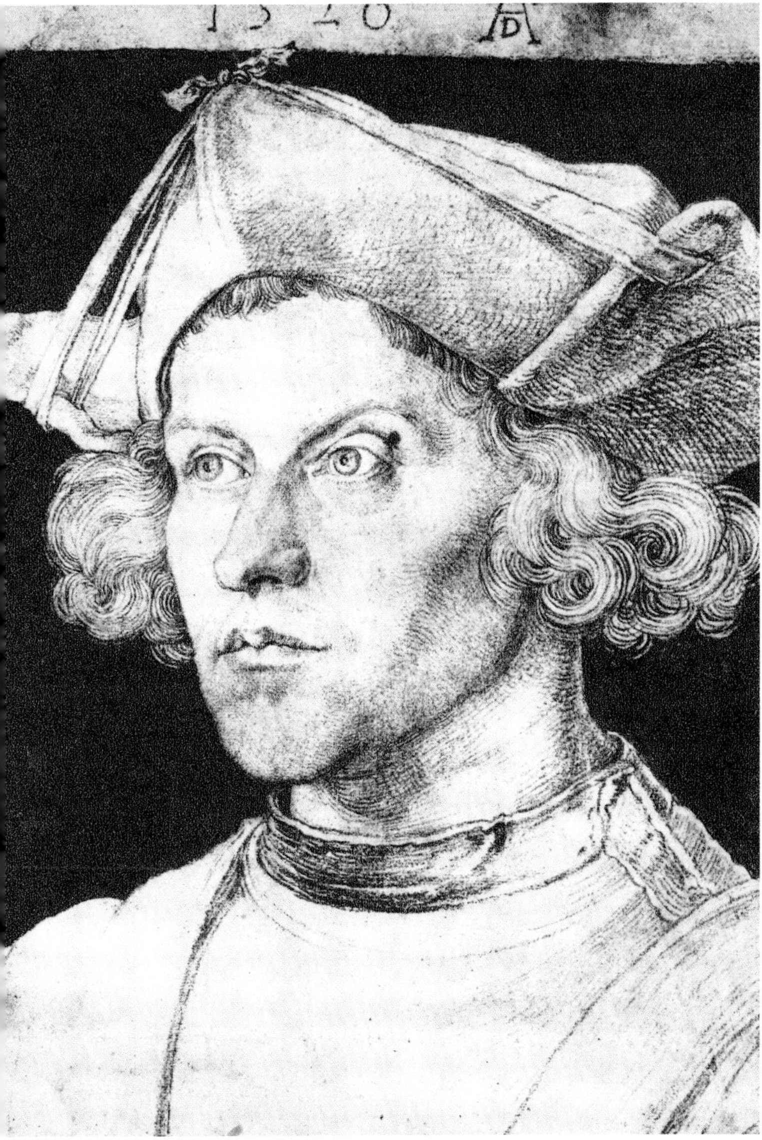
1520

Bildnis eines jungen Mannes · Portrait de jeune homme
Berlin, Staatliche Museen zu Berlin – Preußischer Kulturbesitz, Kupferstichkabinett

© 1993 Benedikt Taschen Verlag GmbH, Köln

Also reproduced in *Albrecht Dürer,* Benedikt Taschen Verlag

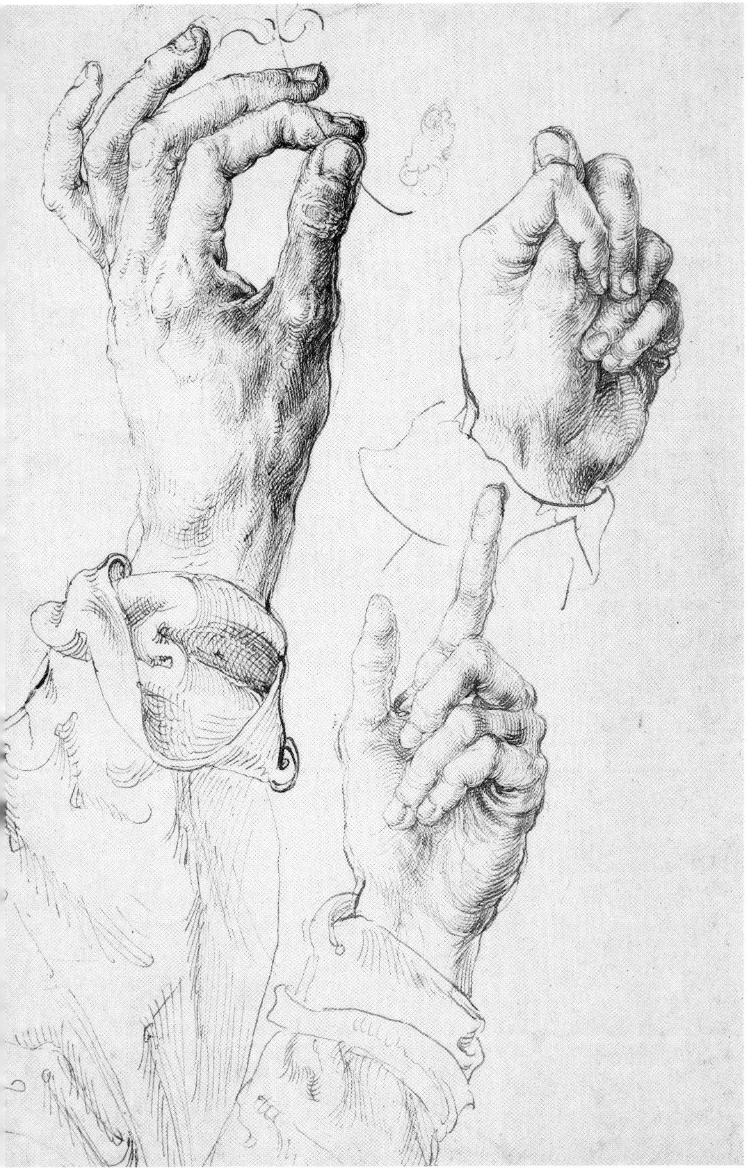

Studie dreier Hände · Etude de trois mains
Vienna, Graphische Sammlung Albertina

Also reproduced in *Albrecht Dürer,* Benedikt Taschen Verlag

© 1993 Benedikt Taschen Verlag GmbH, Köln

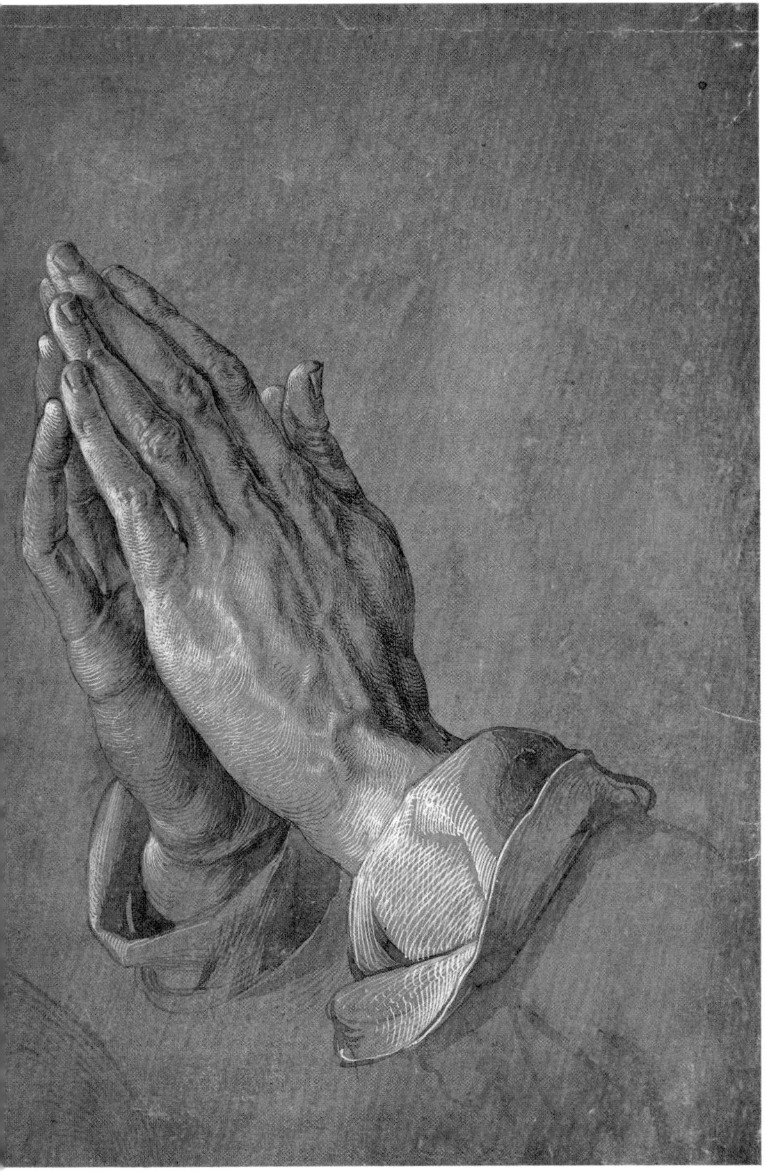

Betende Hände · Mains jointes pour la prière
Vienna, Graphische Sammlung Albertina

Also reproduced in *Albrecht Dürer,* Benedikt Taschen Verlag

© 1993 Benedikt Taschen Verlag GmbH, Köln

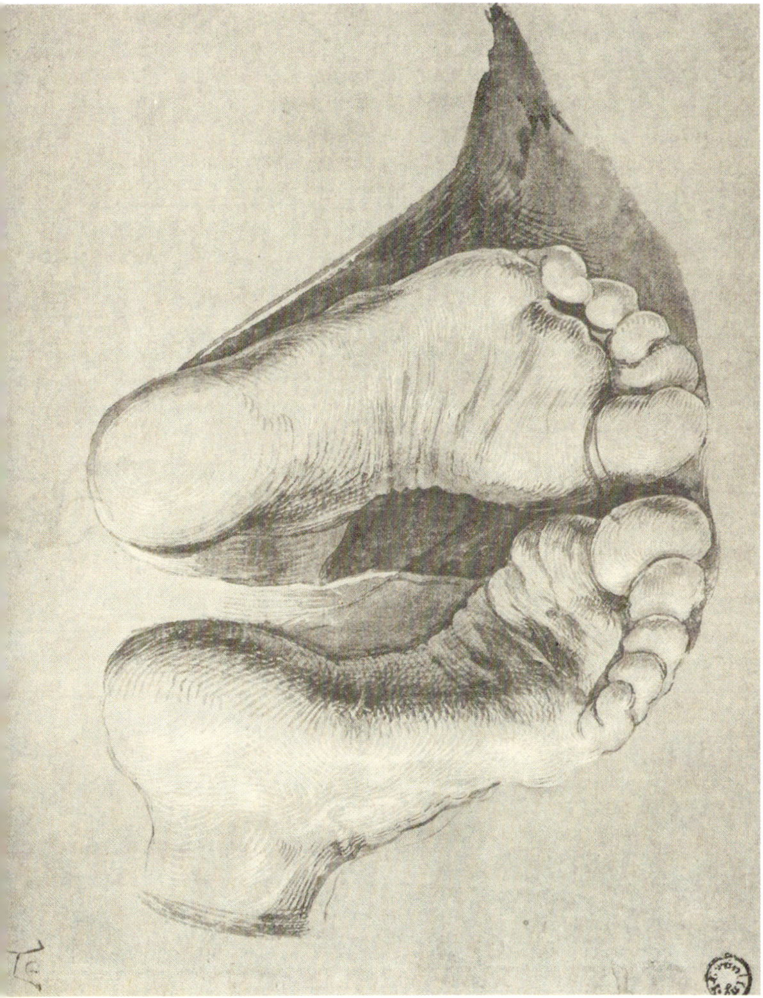

Die Füße eines Apostels · Pieds d'un apôtre agenouillé
Rotterdam, Museum Boymans-van Beuningen

Also reproduced in *Albrecht Dürer*, Benedikt Taschen Verlag

© 1993 Benedikt Taschen Verlag GmbH, Köln

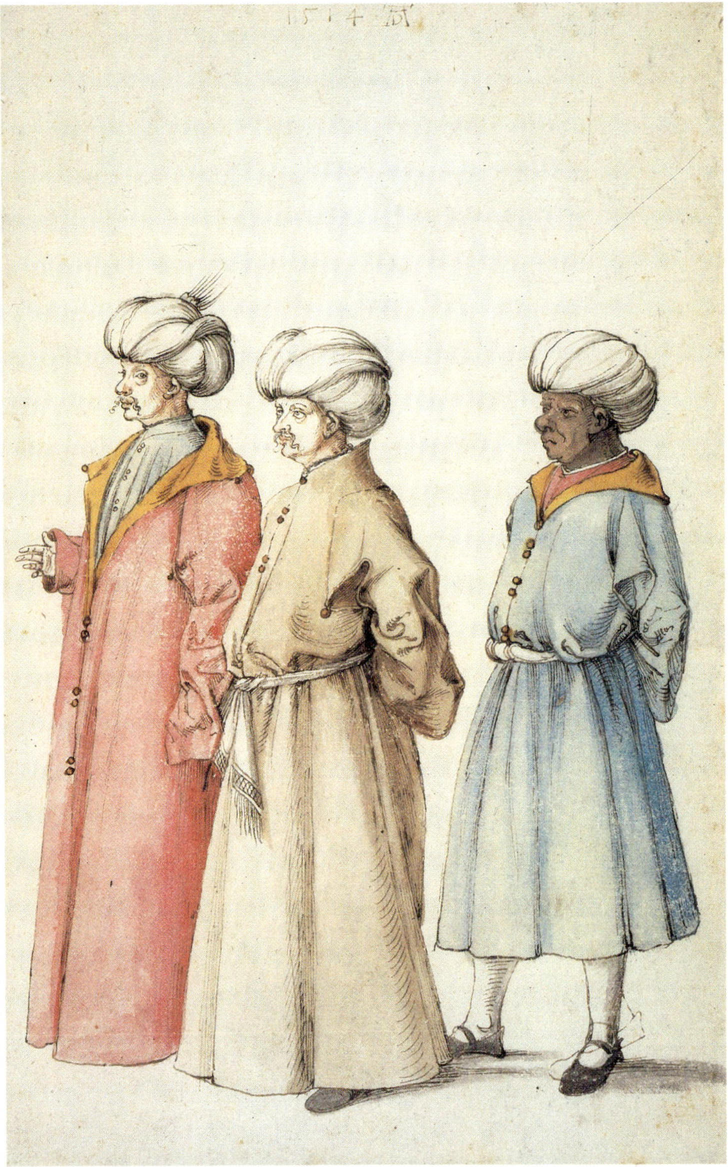
1514

Drei Orientalen · Trois Orientals
London, The British Museum

Also reproduced in *Albrecht Dürer,* Benedikt Taschen Verlag

© 1993 Benedikt Taschen Verlag GmbH, Köln

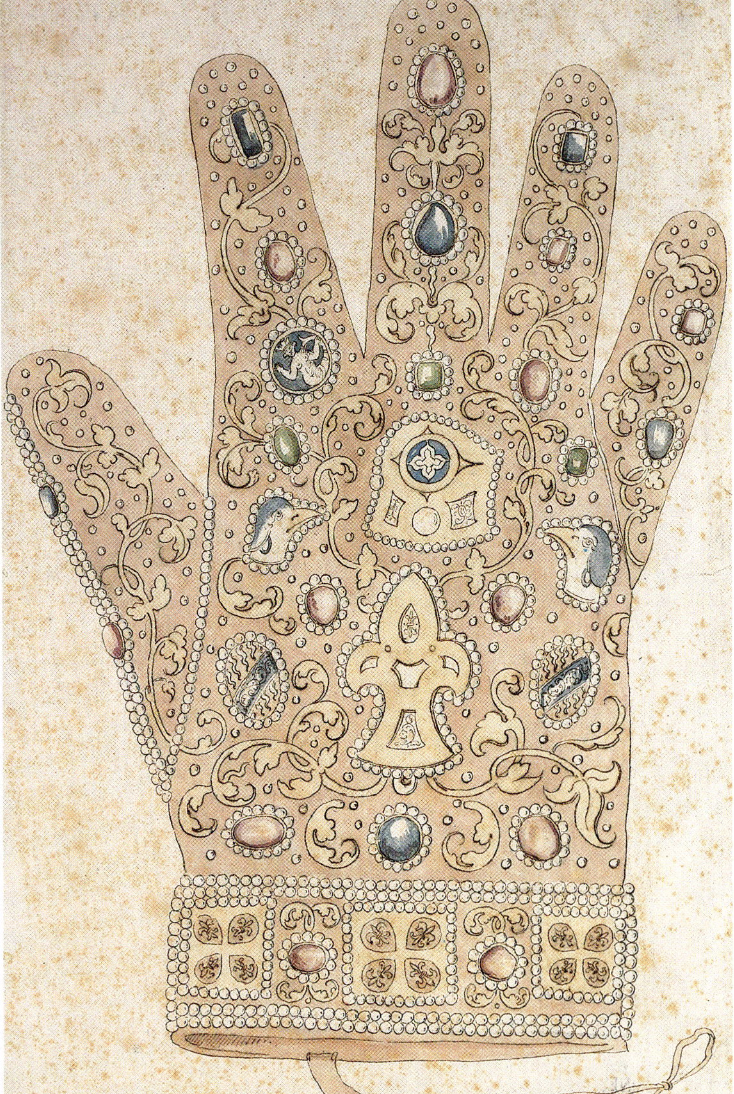

Der Herrscherhandschuh · Le Gant impérial
Budapest, Szépmüvészeti Múzeum, Collection Praun and Esterházy

Also reproduced in *Albrecht Dürer,* Benedikt Taschen Verlag

© 1993 Benedikt Taschen Verlag GmbH, Köln

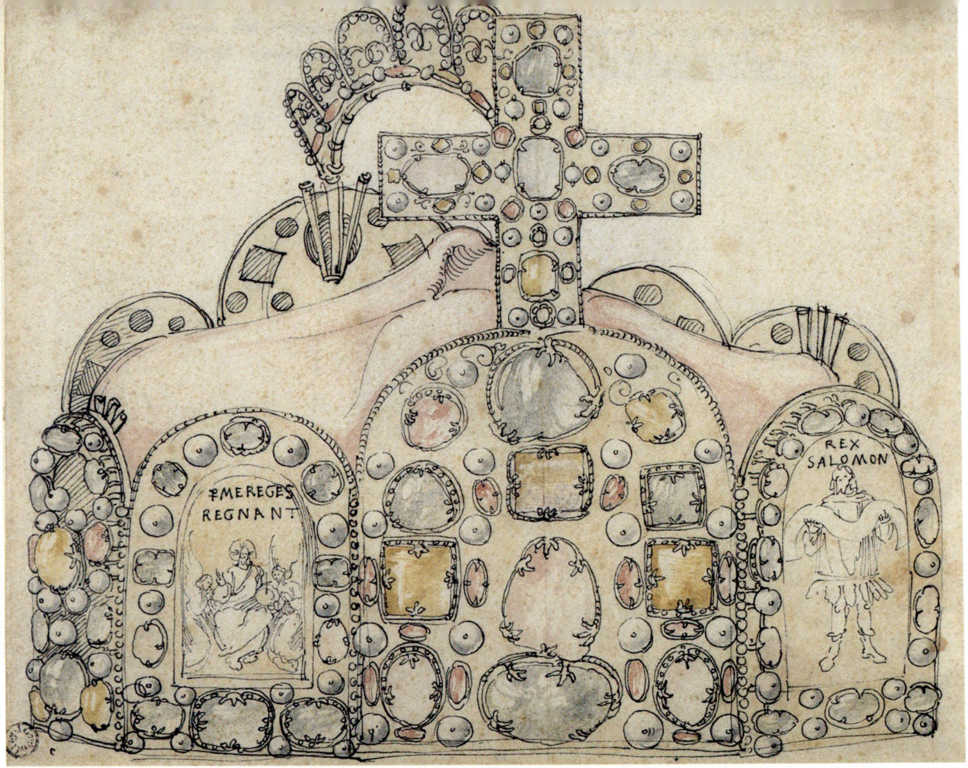
PMEREGES
REGNANT
REX
SALOMON

Die Reichskrone · La Couronne impériale
Nürnberg, Germanisches Nationalmuseum

© 1993 Benedikt Taschen Verlag GmbH, Köln

Also reproduced in *Albrecht Dürer,* Benedikt Taschen Verlag

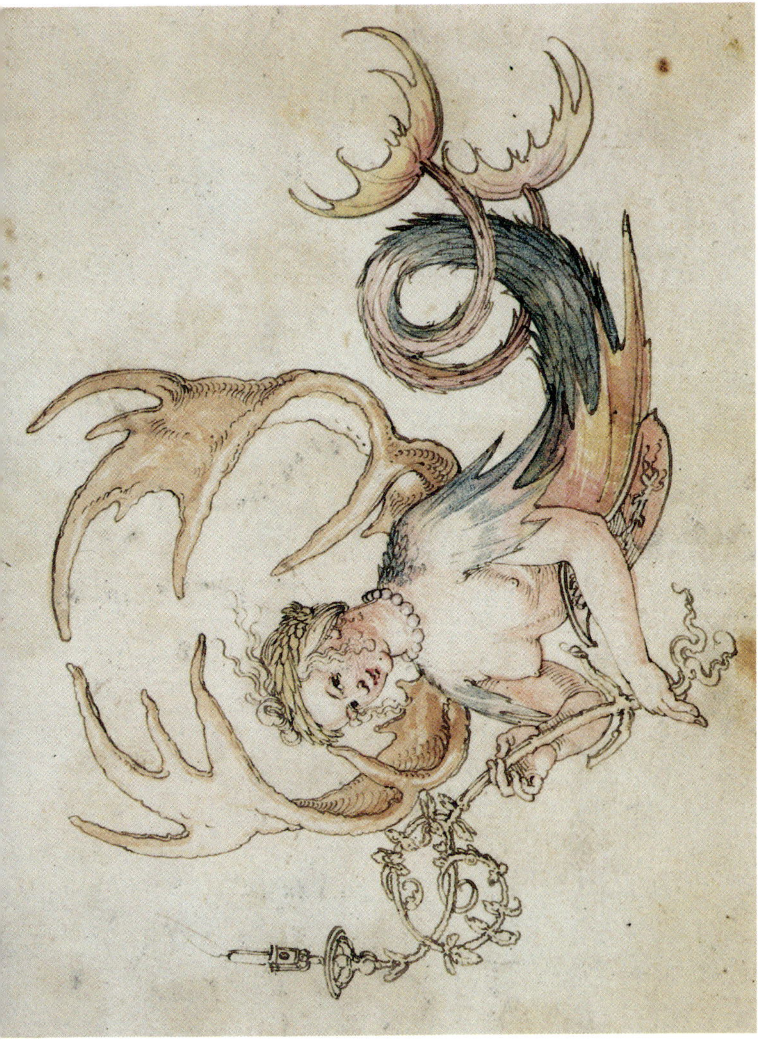

Lüsterweibchen
Vienna, Kunsthistorisches Museum

© 1993 Benedikt Taschen Verlag GmbH, Köln

Also reproduced in *Albrecht Dürer,* Benedikt Taschen Verlag

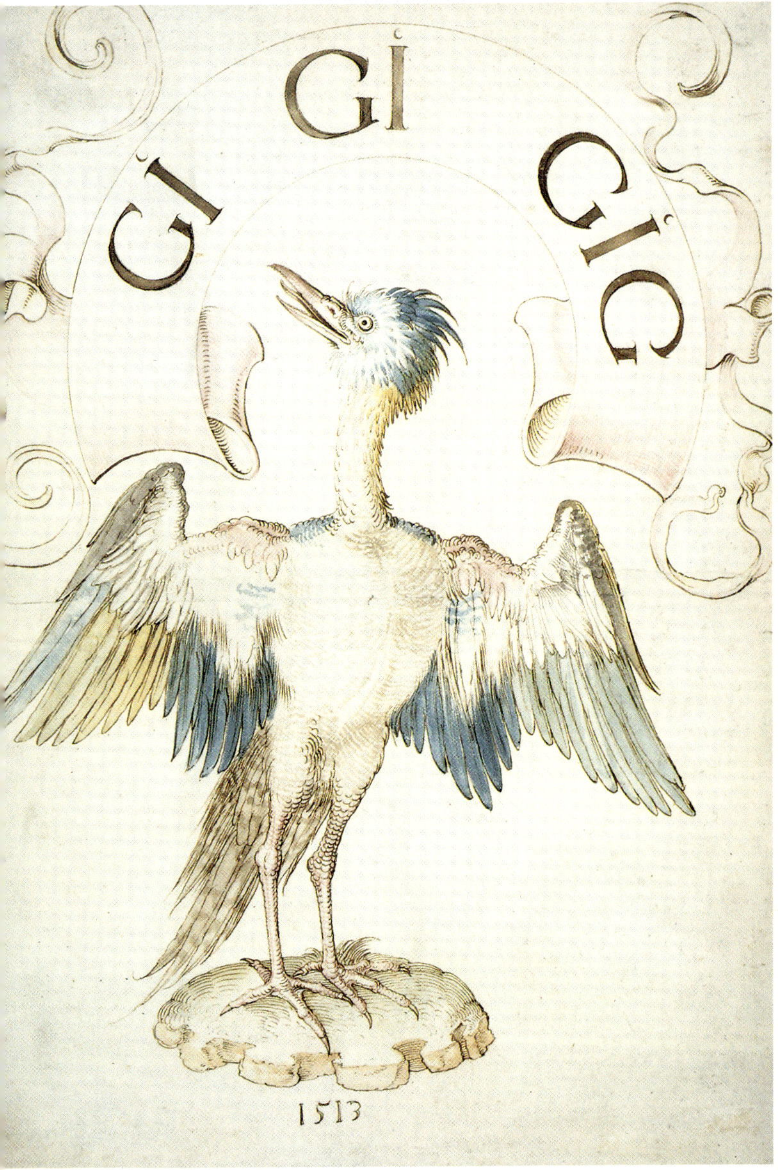
GI GI GIG
1513

Phantastischer Vogel mit Schriftrolle · Oiseau fantastique et banderole
London, The British Museum, Sloane Collection

© 1993 Benedikt Taschen Verlag GmbH, Köln

Also reproduced in *Albrecht Dürer,* Benedikt Taschen Verlag

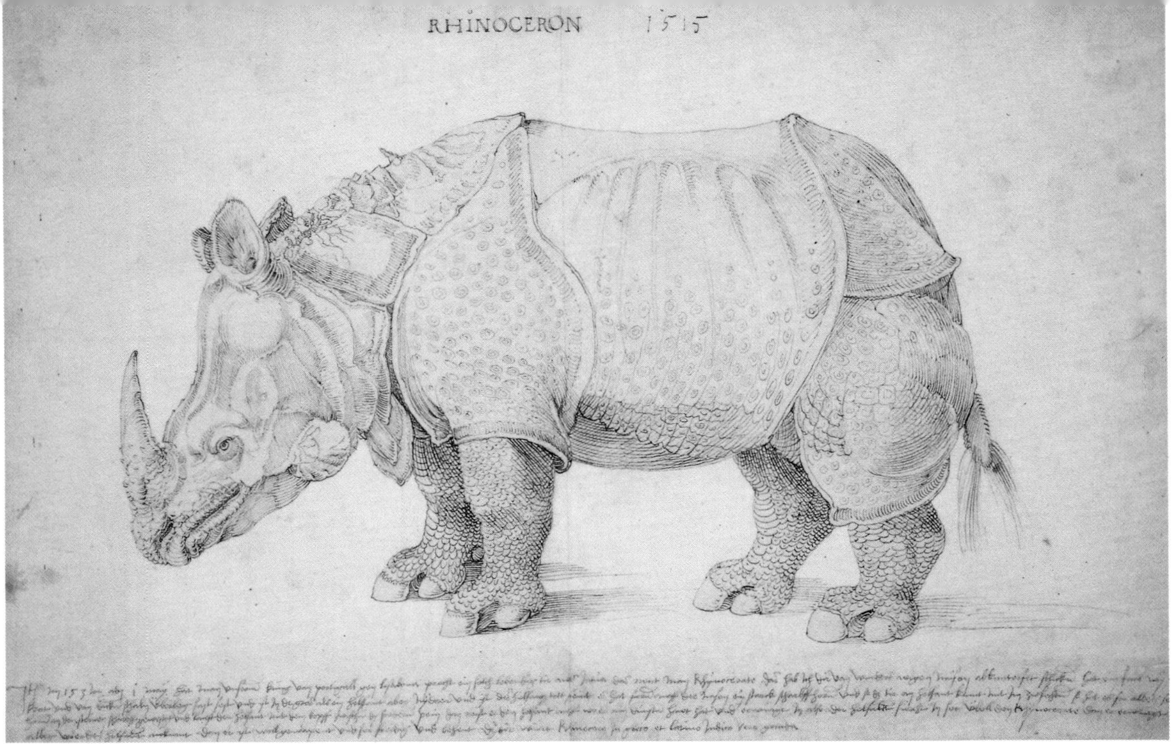
RHINOCERON 1515

Rhinozeros · Rhinocéros
London, The British Museum

Also reproduced in *Albrecht Dürer,* Benedikt Taschen Verlag

© 1993 Benedikt Taschen Verlag GmbH, Köln

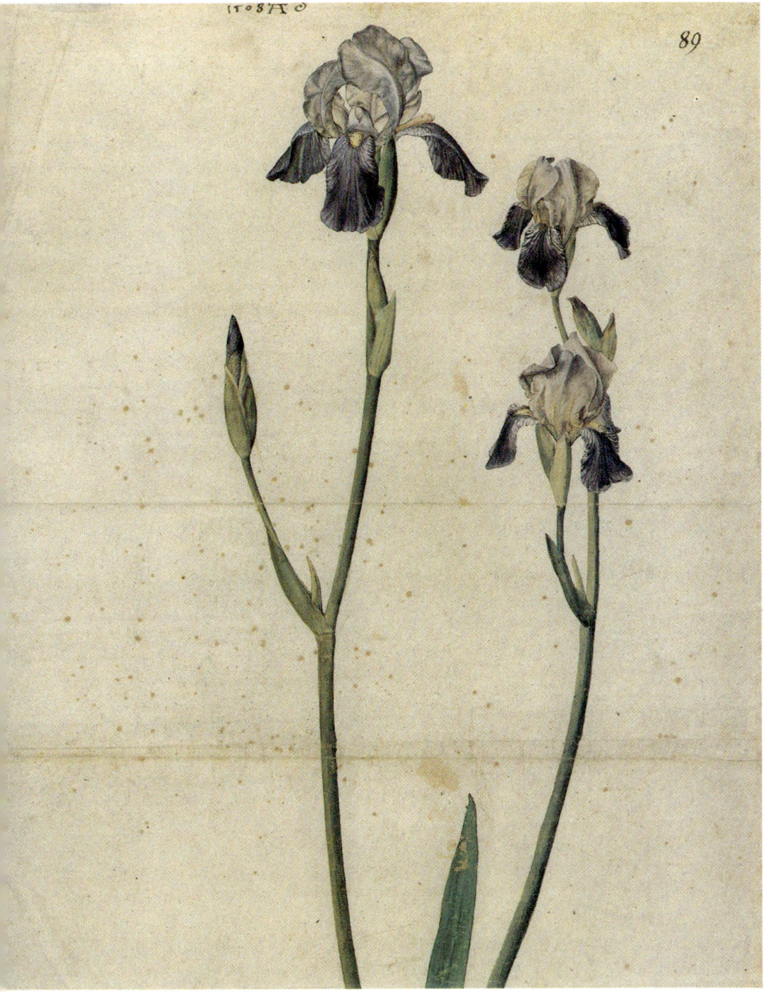
89

Schwertlilie (Iris troiana) · Iris
Bremen, Kunsthalle Bremen

Also reproduced in *Albrecht Dürer*, Benedikt Taschen Verlag

© 1993 Benedikt Taschen Verlag GmbH, Köln

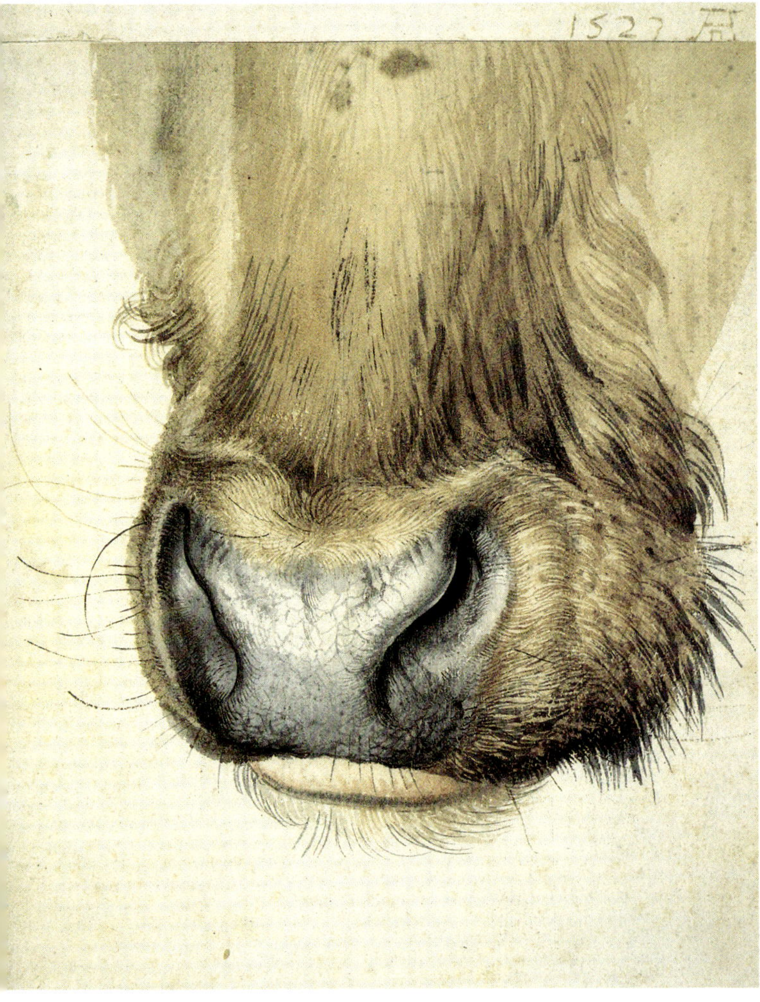
1523

Maul eines Ochsen · Mufle de bœuf
London, The British Museum

Also reproduced in *Albrecht Dürer*, Benedikt Taschen Verlag

© 1993 Benedikt Taschen Verlag GmbH, Köln

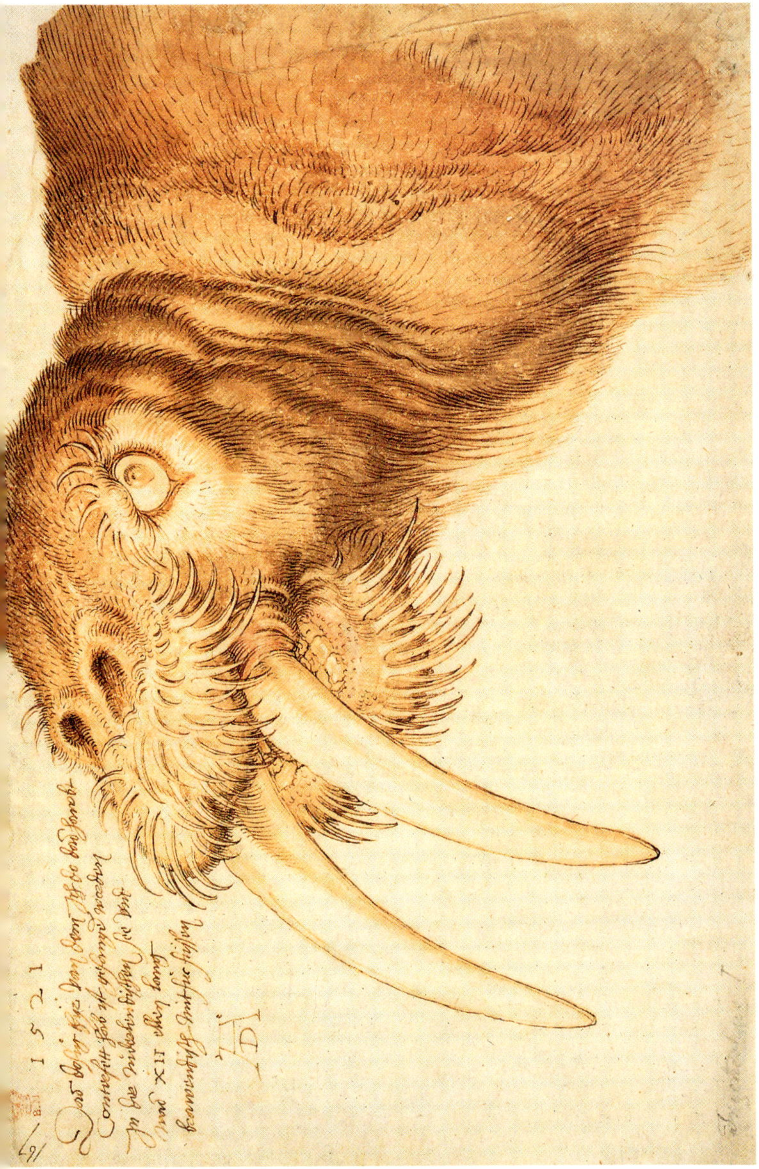

Kopf eines Walrosses · Tête de morse
London, The British Museum

Also reproduced in *Albrecht Dürer,* Benedikt Taschen Verlag

© 1993 Benedikt Taschen Verlag GmbH, Köln